2 Février 1894

PN

Troisième Vente

OBJETS DE [illegible]

MEUBLES, TAPISSERIES

TABLEAUX

DES XV, XVI ET XVII SIÈCLES

APPARTENANT

À M. ÉMILE HARRE

EXEMPLAIRE DE H. STETTINER

CATALOGUE

DES

BIJOUX ANCIENS

EN OR ÉMAILLÉ ET ENRICHIS DE PIERRERIES

OBJETS EN ARGENT ET DE VITRINE

Émaux, Sculptures, Matières précieuses, Ivoires, Buis
Faïences italiennes, Bronzes, Cuivres, Broderie

Précieux Cabinet en fer damasquiné d'or

TRÈS BEAU MEUBLE A DEUX CORPS EN NOYER SCULPTÉ

Stalle, Crédences, Tables, Chaises, Bahuts, Coffrets

Tapisseries, Tentures

TABLEAUX

DES XVᵉ, XVIᵉ ET XVIIᵉ SIÈCLES

Appartenant à M. ÉMILE BARRE

ET COMPOSANT LA TROISIÈME VENTE QUI AURA LIEU

En vertu d'ordonnance

A la requête de M. **DURET**, administrateur judiciaire

HOTEL DROUOT, SALLE Nº 11

Les Vendredi 2 et Samedi 3 Février 1894, à deux heures

COMMISSAIRES-PRISEURS

Mᵉ **PAUL CHEVALLIER**	Mᵉ **E. BARTAUMIEUX**
10, rue Grange-Batelière, 10	281, rue Saint-Honoré, 281

Assistés de

M. CH. MANNHEIM	**M. A. BLOCHE**
EXPERT	EXPERT PRÈS LA COUR D'APPEL
7, rue Saint-Georges, 7	25, rue de Châteaudun, 25

Chez lesquels se trouve le présent Catalogue

EXPOSITION PUBLIQUE

Le Jeudi 1ᵉʳ Février 1894, de 1 h. 1/2 à 5 1/2

CONDITIONS DE LA VENTE

Elle sera faite au comptant.

Les acquéreurs payeront CINQ POUR CENT en sus des adjudications.

L'exposition mettant le public à même de se rendre compte de l'état des objets, aucune réclamation ne sera admise une fois l'adjudication prononcée.

Paris. — Imp. de l'Art. E. MOREAU ET Cⁱᵉ, 41, r. de la Victoire.

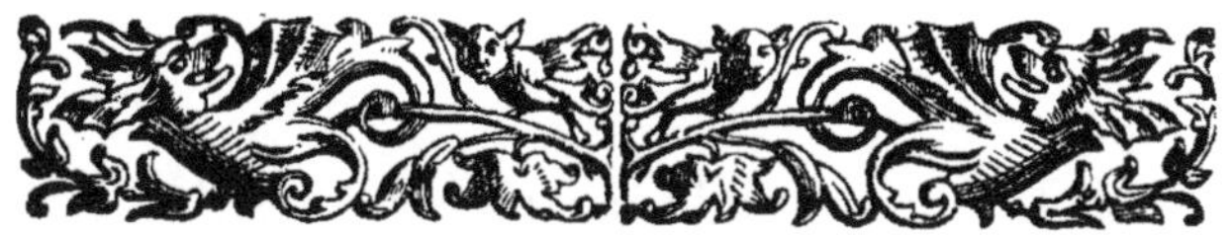

DÉSIGNATION DES OBJETS

BIJOUX ANCIENS

OBJETS EN ARGENT ET DE VITRINE

1 — Deux précieuses figurines en or émaillé
représentant Eurydice et Pluton; posées
sur socles en lapis lazuli monté en argent doré, enrichis de rubis et de perles,
XVIᵉ siècle.

2 — Très beau bijou pendentif représentant
un dauphin suspendu par deux chaînons
à un motif d'ornements et tenant dans
ses griffes un coquillage avec pampilles
et pendeloques, le tout en brillants, rubis, émeraudes, perles et roses. Fin du
XVIᵉ siècle.

3 — Joli bijou pendentif en or émaillé, enrichi de perles et rubis, représentant Bacchus sur son tonneau au milieu d'une couronne de vigne. XVIe siècle.

4 — Bijou pendentif en or émaillé, forme corbeille de fleurs et de fruits enrichie de brillants, de perles et de rubis. XVIe siècle.

5 — Pendentif représentant en or émaillé le portrait de Marie Stuart, monture en argent émaillé et repercé à jour, avec pendeloque perle XVIe siècle.

6 — Agrafe de manteau en or émaillé enrichi de chatons en rubis. XVIe siècle.

7 — Pendentif en filigrane d'or avec applique en émail et chatons en rubis. XVIe siècle.

8 — Cadre reliquaire en argent émaillé. Fin du XVIe siècle.

9 — Pendentif en perles, fond filigrané.
xvie siècle.

10 — Bijou pendentif avec camée dur :
l'Amour et Psyché, monture en argent
doré dans le goût du xvie siècle.

11 — Reliquaire en émail sur or, fond blanc,
desins à fleurs et ornements. xviie siècle.

12 — Bague en or émaillé, représentant sur
sur camée nicolo le buste de Henri II, et
dessous émaillés les croissants enlacés
de Diane de Poitiers. xvie siècle.

13 — Croix en brillants de table et roses,
monture or et argent. Époque Louis XIII.

14 — Petite croix à double face en or, avec
figures de Christ émaillé sur chaque
côté, clous en diamants et extrémités de
croix en perles fines. xviie siècle.

15 — Petit pendentif, forme rosace, en or
émaillé enrichi de grenats.

16 — Petite cassolette ronde à charnières émaillée sur argent à fleurs et ornements, fond noir. Louis XIII.

17 — Camée jaspe sanguin offrant en haut-relief la tête du Christ, monture en or à filets d'émail.

18 — Intaille sur améthyste, sujet mythologique, monture argent doré.

19-20 — Deux épingles en or avec intaille sur cornaline.

21 — Petite couronne de vierge en argent. XVIIe siècle.

22 — Reliquaire, forme lanterne, en argent émaillé. XVIe siècle.

23 — Deux jolispetits flacons en fer damasquiné d'or, dessin à figures mythologiques, animaux et entrelacs de feuillages. XVIe siècle.

24 — Joli miroir en argent ciselé, représentant : Mars et Vénus surpris par Jupiter,
Mercure, Diane et autres divinités de
l'Olympe. xvie siècle.

25 — Miroir en argent ciselé porté par une
cariatide, orné de figures d'amours et de
mascarons. xviie siècle. Travail partie
ancien.

26 — Miroir en argent émaillé, ornements
en relief, enrichi d'émeraudes et de
perles. Époque Louis XIII.

27 — Petite cassolette en jaspe sanguin,
forme panier, monture or. Époque
Louis XV. . . . . .

28 — Calice en vermeil offrant autour du
pied le Christ en croix et les Saintes
femmes, un évêque, saint Michel ter-
rassant le dragon et des médaillons à
armoiries et sujets en argent niellé.
xvie siècle.

29 — Salière triangulaire en argent repoussé
et ciselé, offrant aux angles des cariatides de femmes ailées, sur chaque face
des mascarons et des fruits, XVI° siècle.

30 — Trois petites figurines dont une équestre, en argent finement ciselé, représentant des personnages de l'antiquité.

31 — Petit groupe représentant les Saintes
femmes au pied de la croix. Travail en
argent émaillé. XVII° siècle.

32 — Calice en argent gravé et doré, orné
de médaillons représentant des scènes
allégoriques au Nouveau Testament, le
chiffre du Christ et un écusson héraldique en niellé argent. Fin du XV° siècle.

33 — Petit cerf en argent formant flacon.
XVII° siècle.

34 — Pommeau en cuivre doré représentant
une tête d'aigle et une tête de chien avec
ornements. XVI° siècle.

35 — Christ en cuivre doré. xvi⁰ siècle.

36 — Petit médaillon reliquaire ovale, offrant
d'un côté, en verre églomisé, la tête de
la Vierge, de l'autre, la tête du Christ,
sous cristal de roche, monture argent.
XVIᵉ siècle.

37 — Petit médaillon ovale en verre églomisé : l'Assomption. Dessus cristal de
roche. XVIᵉ siècle.

38 — Figurine d'applique ou haut-relief en
buis sculpté, représentant la Vierge
debout, drapée et les mains jointes, la
poitrine s'ouvrant, formant triptyque et
offrant en bas-relief quatre personnages,
figures de saints. Travail intéressant du
XVIᵉ siècle.

39 — Petit haut-relief en buis représentant
un buste, le Père éternel. XVIᵉ siècle.

40 — Suite de sept petits haut-reliefs en buis
représentant des scènes de la vie de Jésus

et de la Vierge. Compositions de nom-
breuses figures, travail d'une grande
finesse. XVIᵉ siècle.

41-42 — Deux montures en argent doré avec
pieds forme serres d'aigle. XVIIᵉ siècle.

43 — Deux médaillons ovales représentant,
tout en perles appliquées sur cire, deux
personnages du XVIᵉ siècle en riches costumes enrichis de pierreries.

44 — Plaquette rectangulaire en fer incrusté
d'argent, représentant un cortège proces-
sionnel. XVIᵉ siècle. Cadre en bronze.

45 — Verre allemand et émaillé représentant
un roi à cheval et une inscription avec
date 1664.

46 — Peinture ovale du XVIᵉ siècle représentant un personnage en costume de l'époque, au revers une autre peinture : le
Christ portant la croix. Cadre en argent
repoussé.

47 — Peinture rectangulaire : portrait de vieillard coiffé d'un chapeau noir bicorne, en costume du XVIe siècle. Cadre bois sculpté et doré ancien.

48 — Bas-relief sur terre cuite rosée et décorée, représentant la Vierge et l'Enfant. Attribué au XVIe siècle.

49 — Médaillon en Wedgewood, sujet mythologique.

50 — Deux petits médaillons, forme disques, en cuivre découpé à jour, offrant au centre, émaillés, le Couronnement de la Vierge et le Christ en croix pleuré par les Saintes femmes ; autour des inscriptions. XVe siècle.

51 — Cadre de reliquaire en argent doré et émaillé. XVIe siècle.

52 — Sirène en or provenant d'un pendentif du XVIe siècle.

53 — Reliquaire en argent gravé renfermant un haut-relief en ivoire représentant les Saintes femmes au pied de la croix. XVIe siècle.

MATIÈRES PRÉCIEUSES

54 — AGATE ORIENTALE. Petite coupe finement évidée avec anses branchages à jour prises dans la masse. Travail ancien.

55 — JADE GRIS. Coupe finement évidée forme coquille avec anse à tête d'animal fabuleux, fuseau forme balustre, pied ovale à gaudrons, monture argent doré et émaillé. XVIIe siècle.

56 — JASPE ROUGE. Deux petits vases montés en argent doré et émaillé avec bouquets de fleurs et de feuillages en émail et pierreries. XVIIe siècle.

57 — Panneau en mosaïque de pierres dures

représentant des médaillons à figures de saints et de saintes avec écoinçons à fleurs et ornements. Cadre en bois sculpté et doré.

CUIVRES CHAMPLEVÉS ET ÉMAILLÉS

58 — Cinq appliques en cuivre repoussé représentant des personnages allégoriques au Nouveau testament et des animaux symboliques tenant des banderolles. xve siècle. Dans un cadre bois noir, fond de velours rouge ancien.

59 — Dessus de reliure composé de cinq plaques en cuivre champlevé et émaillé dans le style byzantin, représentant le Baptême et des anges, ornements et arabesques sur fond bleu pâle et gros bleu.

60 — Plat rond en cuivre uni avec ombilic au centre renfermant un médaillon héraldique en argent rehaussé de peinture sur émail avec parties d'argent réservées. xvie siècle.

61 — Lampe, forme navette, en cuivre émaillé et champlevé, fond gros bleu et bleu pâle, dessin à arabesques. xvᵉ siècle. Le pied a été refait.

62 — Custode en cuivre émaillé à rosaces et arabesques. xvᵉ siècle.

63 — Custode en cuivre émaillé, fond bleu clair. xvᵉ siècle.

64 — Custode en cuivre gravé et doré, couvercle surmonté d'une figurine. xvıᵉ siècle.

ÉMAUX DE LIMOGES

65 — Plaque ronde représentant une reine assise sur son trône recevant des présents qu'on lui apporte de tous côtés. Peinture sur grisaille rehaussée d'or sur émail. Limoges, xvıᵉ siècle. Cadre ancien bois sculpté et doré.

66 — Plaque ronde représentant le char de Vénus tiré par des colombes, précédé de Jupiter et guidé par Mercure. Peinture en grisaille rehaussée d'or sur émail. Limoges. XVIe siècle.

67 — Deux plaques, forme frontons, en émail de Limoges, représentant, en grisaille et or, des enfants jouant avec des gourdes. XVIe siècle. Cadre cuivre doré.

68 — Plaque cintrée dans le haut, représentant saint André, peinture en couleur et grisaille avec inscription à rehauts d'or sur émail. Limoges, XVIe siècle. Cadre en bronze ciselé et doré ancien.

69 — Plaque ronde, représentant saint Jacob, peinture en grisaille rehaussée d'or, tertre verdi sur émail. Limoges, XVIe siècle. Cercle bronze, cadre velours rouge.

70 — Couvercle en émail de Limoges, représentant des amours jouant avec la cui-

rasse de Mars et des figures diaboliques soufflant dans des cornes. XVIᵉ siècle.

71 — Flambeau en émail de Limoges représentant des bustes de personnages de l'antiquité, des oiseaux et des ornements ; peinture en couleur et rehaussée d'or, parties en relief. XVIᵉ siècle.

72 — Couvercle de coupe en émail de Limoges, peinture en grisaille et rehauts d'or représentant, sur des bossages, des médaillons à portraits de Pâris et de la Belle Hélène, de Mélusine, d'Hercule et d'Hector, avec entre-deux à ornements raphaelesques. XVIᵉ siècle.

73 — Écoinçon en émail de Limoges, peinture en grisaille, chairs rosées, et rehaussé d'or représentant la Justice. XVIᵉ siècle.

IVOIRES

74 — Groupe en ivoire : Châtelaine debout en costume du xve siècle, jouant de l'orgue, symbolisant sainte Cécile, sur socle bois noir et or.

75 — Beau haut-relief ivoire représentant un guerrier en costume de l'antiquité, jouant aux dames avec une femme vêtue d'une draperie et deux enfants prenant leurs ébats sous une treille. xvie siècle. Monté sur fond bois noir.

76 — Statuette représentant un maréchal debout habillé en armure, s'appuyant sur une balustrade. Époque Louis XIV.

77 — Haut-relief représentant une faunesse et un petit faune. xviie siècle. Cadre en bois noir.

78 — Figurine d'applique : l'empereur Julien. xviie siècle.

79 — Petit Christ monté sur croix en bois noir. Époque Louis XIV.

80 — Petite statuette équestre : Bouffon sur âne, sculpture sur ivoire. XVIIe siècle. Socle bois noir.

81 — Statuette en ivoire : le Tireur d'épines, sculpture du XVIe siècle. Socle bois noir.

82 — Médaillon rond représentant en bas-relief le buste de Charles V. Travail ancien.

SCULPTURES

83 — Beau buste en albâtre oriental avec tête en bronze, représentant un prophète; socle en marbre violacé. XVIe siècle. Colonnette en marbre polychrome, moulures en bronzes.

84-85 — Deux bustes de femmes, drapés en marbre blanc. Époque Louis XIV.

— Deux gaines en marbre blanc cannelées et dorées.

— Panneau en hauteur sculpté en bas-
relief, décoré de deux écussons armoriés
surmontés de la crosse et de la mitre
d'évêque. xvie siècle.

— Statue en bois sculpté : Saint tenant
un calice. xvie siècle.

— Statue en bois sculpté : Personnage en
armure avec manteau et tenant dans la
main droite, un modèle de cathédrale.
xve siècle.

— Groupe en bois sculpté et peint représentant saint Joseph et l'Enfant Jésus
sous les traits de personnages en costumes du xve siècle.

— Groupe en pierre blanche représentant
la sainte Vierge portant l'Enfant Jésus
sur son bras gauche et tenant une fleur
dans la main droite. xve siècle.

92 — Christ en buis sur croix en bois noir.
xve siècle.

93 — Groupe de deux figures en bois sculpté
représentant sainte Catherine d'Alexan-
drie debout, tenant le glaive d'une main
et l'évangile de l'autre. xvie siècle.

94 — Statuette en bois sculpté représentant
un bourreau tenant la tête d'un supplicié
qu'il vient de trancher. Socle orné d'une
armoirie. xvie siècle.

95 — Groupe de deux figures en bois sculpté :
saint Roch, saint Jean et le chien, posé
sur gaine à quatre colonnes torses semées
de fleurons et de perlé. xve siècle.

96 — Statuette en buis sculpté : personnage
en costume de l'époque du xvie siècle,
portant une hotte avec couvercle formant gobelet, monté sur terrassement en
argent repoussé, décor à ornements avec
crapauds, grenouilles, lézards, etc. Travail ancien attribué Dindlinger.

97 — Statuette en bois sculpté représentant un paysan portant une hotte, monture en argent. Époque fin du XVIe siècle.

98 — Statuette en buis sculpté représentant une reine en prière sur socle en bois noir. XVIIe siècle.

99 — Deux panneaux en bois sculpté, représentant des bustes de personnages dans des cartouches et entourés de dauphins. XVIe siècle.

100 — Deux statues en bois sculpté : Femmes debout dont l'une tient une colonne brisée. XVIIe siècle.

101 — Deux bas-reliefs en bois noir : le Printemps et l'Été. XVIIe siècle.

102 — Panneau offrant en haut-relief sur bois : la Vierge, l'Enfant Jésus et saint Jean entourés des chérubins portant sa couronne. XVIe siècle. Cadre en bois noir.

103 — Miroir avec cadre en bois sculpté offrant des figures d'enfants, un mascaron fantastique et des groupes de fruits. XVIᵉ siècle.

104 — Petit médaillon en buis sculpté, offrant en bas-relief le buste d'un pape. Signé des monogrammes P. M. et daté 1599. Cadre en bois noir.

105 — Petit médaillon rond en buis, offrant en bas-relief un buste de personnage représenté presque de face avec inscriptions : M.D.XXII.EFFIGIES M.S.XLIIII. Cadre en bois noir.

106 — Petit médaillon offrant en haut-relief, en buis sculpté appliqué sur fond de bois, le buste d'un personnage du XVIᵉ siècle représenté presque de face.

107 — Médaillon en buis offrant en bas-relief une tête d'homme à longue barbe. XVIᵉ siècle. Cadre en bois noir.

108 — Médaillon rond offrant en bas-relief le buste de Jean-Frédéric, électeur de Saxe, entouré d'une inscription ; sculpture sur buis attribuée au xvi⁰ siècle.

109 — Statuette d'ange tenant un bénitier. Sculpture en terre cuite. xviiᵉ siècle.

FAIENCES

110 — *Urbino.* Petite coupe sur piédouche, décor représentant Vénus à la coquille, à l'extérieur des dauphins dans les flots de la mer ; anses à serpents en ronde-bosse. xviᵉ siècle.

111 — *Gubbio.* Petit médaillon ovale : Portrait d'homme avec manteau, décor intéressant à reflets métalliques et rubis. xviᵉ siècle, attribué à Maestro Georgio. Dans un cadre ancien un bronze forme à coquilles et fronton.

112-113 — *Castelli*. Deux plaques, décor à sujets mythologiques et allégoriques. XVIIe siècle. Cadres en bois noir.

114 — *Urbino*. Paire de vases, décor à arabesques, figures de chérubins et ornement raphaelesques, anses à serpents.

115 — *Deruta*. Coupe, forme coquille, sur piédouche, décor en jaune à reflets, marquée sous le pied du monogramme MA. XVIe siècle.

116 — *Italie*. Plaque rectangulaire représentant l'Enlèvement des Sabines, peinture en jaune d'ocre et brun, bordure à arabesques et figures d'amour en camaïeu bleu sur fond jaune. Cadre en bois noir.

117 — BERNARD PALISSY (SUITE DE). Grand plat ovale, décor à reptiles, insectes et coquillages.

BRONZES, CUIVRES

118 — Lustre en cuivre à neuf lumières, orné de figurines, de clochetons et d'écussons. Style gothique.

119 — Deux flambeaux en cuivre repercé vénitien. Style XVIe siècle.

120 — Paire de girandoles à trois lumières argenté Louis XV.

121 — Deux statuettes de femmes drapées, bronze à patine foncée, représentées assises, XVIIe siècle, sur socles en marbre rouge griotte.

122 — Deux statuettes de déesses, bronzes à patine jaune, XVIe siècle, sur socle en bronze doré.

123 — Presse-papier en marbre avec tigre courant en bronze. XVIe siècle.

124 — Statuette en bronze rehaussé de vestiges de dorure, représentant un personnage portant une coquille, xvie siècle, socle bois noir.

125 — Buste de satyre en bronze, patine claire, fondue à cire perdue, sur fût de colonne en marbre brèche d'Alep, garni de bronze doré. xviie siècle.

126 — Bas-relief rond en bronze, patine verte : Orphée, Jupiter, les déesses et les satyres dans l'Olympe; cadre bois noir. xvie siècle?

127 — Statuette en bronze, patine verte : Vénus accroupie, xvie siècle; socle en marbre bleu turquin, garni de bronze doré. Louis XVI.

128 — Deux statuettes bronze à patine rouge: les Colporteurs. xviie siècle. Socles en bois noir.

129 — Biche en cuivre doré formant porte-cure-dents. xviie siècle.

130 — Rhinocéros en bronze gravé, martelé
et doré, devant servir de support de pendule. xviiie siècle.

131 — Pendule à cage octogonale élevée sur
pied partie ajouré en cuivre gravé et
doré, couronnée par un reliquaire, avec
médaillon héraldique en argent niellé et
surmonté d'une figurine allégorique de
la Coquetterie. xvie siècle.

132 — Petit groupe en bronze doré : Diane
et son chien. xviie siècle.

133 — Joli cadre en bronze ciselé, forme
architecturale ; fronton à tête de chéru-
bin et ornements ; côtés à figures de
sphinx ailé debout sur console. Dans le
bas, un motif à mascaron diabolique sur
cartouche auquel s'accostent des cariatides de femmes ailées. xvie siècle.

BRODERIES· OBJETS DIVERS

134 — Beau bandeau composé de trois médaillons en broderie d'or et de soie, représentant : la Cène, le Lavement des
pieds et le Festin d'Émaüs. Travail du
xve siècle. Bel état de conservation.

135 — Deux petits panneaux en ancien tissu
rehaussé de peintures et de vestiges de
broderies, représentant l'Adoration de
l'Enfant Jésus et le Massacre des nou-
veaux-nés. Cadres en bois peint et doré.
xvie siècle.

136 — Miroir biseauté avec cadre architectural en bois peint en noir et rehaussé
d'or avec incrustations de marbre. Fin du
xvie siècle.

137 — Bas-relief sur albâtre représentant la
Descente de croix ; cadre architectural
en bois peint en noir rehaussé d'or, incrusté de marbre. Fin du xvie siècle.

138 — Autel portatif d'aspect architectural, en bois d'ébène, avec colonnettes et incrustations de lapis, de cailloux d'Égypte et autres pierres dures, offrant au milieu, peint sur verre églomisé, la Vierge tenant l'Enfant Jésus. École florentine. Commencement du xviie siècle.

MEUBLES

139 — Très beau meuble-cabinet d'aspect architectural en bois noir et en fer damasquiné d'or. Le corps du haut s'ouvre à onze tiroirs, avec réserve au centre à une porte, sur lesquels sont représentés des sujets allégoriques aux Travaux d'Hercule et à la Vie des Tritons, des Naïades et autres personnages de la mythologie. En ressaut, de chaque côté des bas-reliefs, s'élèvent des niches, avec des statuettes de guerriers armés et, en haut, des sphynx ailés. Soutenant les divers étages du monument, se détachent

des cariatides d'hommes et de femmes sur gaines. Le corps inférieur du meuble est orné de panneaux en fer damasquiné d'or et d'argent, représentant des villes et des paysages arrosés par des fleuves animés de nombreux bâtiments. Ce meuble, des plus remarquables, du XVIe siècle, est supporté par quatre lions couchés. L'agencement des tiroirs pour la partie bois a été refait postérieurement.

140 — Très beau meuble en noyer sculpté école lyonnaise, XVIe siècle, d'aspect monumental s'ouvrant à quatre portes. Celles du haut représentent Vénus et l'Amour, Vulcain forgeant l'armure de Mars, sous des portails, décorés de mascarons et de cariatides. Celles du bas offrent des cartouches à mascarons avec des cariatides adossées. Les montants et les profils sont ornés de cariatides sur gaines et drapées, les tiroirs et la frise frontale sont décorés d'arabesques feuil-

lagées. Les côtés offrent en bas-relief des entrelacs d'ornements.

141 — Grande table rectangulaire en noyer sculpté, piètement à arcades et colonnettes. XVIᵉ siècle.

142 — Très belle stalle en noyer sculpté représentant au dossier des arabesques de fleurs et de feuillages au milieu desquels se jouent des Amours, des oiseaux et des satyres, portant un médaillon à tête d'homme en bas-relief, de chaque côté, des colonnettes plates cannelées, surmontées de chapitaux. Le haut, avec cartouche à tête d'homme accosté d'oiseaux fantastiques, corniche à feuilles d'acanthe et échancrures. XVIᵉ siècle.

143 — Petit meuble à deux corps en chêne sculpté s'ouvrant à deux portes, décorées de figures de chérubins et de grappes de feuillages et de fruits, garni de verrous et de ferrures en fer. XVIᵉ siècle.

144 — Petit cabinet ouvrant à huit tiroirs et
un battant en bois noir, décor à rehauts
d'or et d'argent simulant la damasqui-
nure orné de sujets peints sur verre en
grisaille, rehauts d'or et rubis représentant des scènes de l'époque, gentilshom-
mes et grandes dames. XVIᵉ siècle.

145 — Petit cabinet en fer incrusté et rehaussé d'or et d'argent, offrant l'aspect
d'une ville forte avec niches ornées de
figurines en cuivre doré. L'abattant repré-
sente un paysage avec berger et trou-
peau. Le meuble renfermé dans une
cage recouverte de velours rouge, garni
de passementerie. Époque XVIᵉ siècle.
(Vente Stein).

146 — Meuble à deux corps en noyer sculpté
s'ouvrant à quatre portes offrant en bas-
relief des figures allégoriques aux scien-
ces et aux saisons dans des cartouches
d'aspect architectural. Flanqué de colonnes cannelées surmontées de chapiteaux.

Co[...]nné par un fronton avec niche au milieu. Travail en partie du xvie siècle.

147 — Table rectangulaire en bois sculpté supportée par quatre gros pilastres cannelés reliés par des traverses à godrons, bandeau semé de rosaces dans des cartouches rappelant le dessin ogival. xvie siècle.

148 — Crédence s'ouvrant à deux portes en noyer sculpté représentant en bas-relief des mascarons et ornements feuillagés. La corniche, soutenue par des accouplements de consoles ; le bas forme architectural à arcades. Les côtés offrent en bas-relief des masques fabuleux et des ornements. xvie siècle.

149 — Crédence en chêne sculpté, forme à pans coupés offrant en bas-relief des médaillons à bustes de personnages encadrés de couronnes de fleurs, des têtes de chérubins et des branchages fleuris ;

flanquée de colonnes saillantes ornées de feuillages. Le bas à jour avec panneau de fond orné de sculptures analogues. XVIᵉ siècle.

150 — Douze chaises en noyer ciré, pieds à croisillons, couvertes en tapisserie du XVIᵉ siècle représentant des sujets allégoriques avec figures fabuleuses, des arcades à cariatides, des vases de fleurs et des jetés de fruits.

152 — Deux bahuts flamands en chêne sculpté s'ouvrant à deux portes, ornés de cariatides sur gaines à console. Style Louis XIII.

COFFRETS

153 — Coffret en buis sculpté offrant dessus et au pourtour des compartiments à double ove enveloppée de branches de pin au milieu desquelles s'épanouissent des trèfles; monture des plus délicates. XVᵉ siècle.

154 — Coffret en fer découpé à jour, fond treillagé, enchâssement à fortes moulures mi-jonc, serrure à clochetons, muni d'anneaux à suspendre. XVIe siècle.

155 — Joli coffret en argent finement gravé représentant des scènes de bataille sur toutes les faces et sur le couvercle un encadrement à trophées guerriers, arabesques et figures ; la monture en argent doré et gravé avec têtes de chérubins et ornements. XVIe siècle.

156 — Petit coffret rectangulaire en bois sculpté à jour représentant des oiseaux et des branchages. Garniture en cuivre. XVe siècle.

TAPISSERIES

157 — Deux tapisseries du XVIe siècle représentant des chasses à courre composées de nombreux personnages, gentils-

hommes et dames à cheval, piqueurs, rabatteurs, sonneurs de cors, paysans et paysannes dans des paysages accidentés et boisés.

158 — Quatre pentes en tapisserie du XVIᵉ siècle, représentant des personnages mythologiques sous des bosquets, des cariatides soutenant des arcades couronnées de corbeilles fleuries.

159 — Panneau en tapisserie du XVIᵉ siècle, représentant une fête champêtre à laquelle assistent un roi, une reine et leur suite ; bordure à petits personnages, rinceaux, cariatides et corbeille de fruits.

160 — Deux panneaux en tapisserie du XVIᵉ siècle, représentant des parcs avec bosquets et pièces d'eau animés de personnages en costume de l'époque.

161 — Décor de croisée composé de deux pentes et un bandeau en tapisserie du

xvıᵉ siècle représentant des médaillons à petits personnages, des figures allégoriques de l'Abondance et de Pomone, des motifs à rinceaux et arbres fleuris.

162 — Deux grands rideaux en peluche rouge garnis de franges.

163 — Deux dessus de portes en ancienne tapisserie, à paysage, figures et animaux.

164 — Deux bandeaux en tapisserie du xvıᵉ siècle, représentant des médaillons à petits personnages et des figures allégoriques dans des jardins fleuris.

165 — Décor de cheminée en peluche rouge avec bandeau en ancienne tapisserie représentant des amours dans des arabesques et un enfant tenant une fleur de lis. Époque Louis XIV.

TABLEAUX

BOTTICELLI (Attribué à Sandro)

166 — *La Vierge, l'Enfant Jésus et deux anges adorateurs.*

Panneau de forme circulaire.

Diam., 90 cent.

CLOUET (dit Jehannet)

167 — *Portrait présumé de la duchesse de Nemours.*

Représentée en buste et de trois quarts, tournée vers la gauche, en somptueux costume du XVIe siècle ; torsades dans la coiffure, fraise bordée de fine guipure, robe de pourpre brodée d'or et d'argent, guimpe de linon sous une résille métallique ; elle porte un collier d'or enrichi de pierreries et a sur la poitrine des guirlandes de perles.

Bois. Haut., 28 cent. 1/2 ; larg., 23 cent. 1/2.

CLOUET (École de Jehannet)

168 — *Portrait de femme.*

De trois quarts vers la gauche, en buste, vêtue de soie noire.

Bois. Haut., 31 cent.; larg., 24 cent.

CONEGLIANO (Cima da)

169 — *La Vierge et l'Enfant.*

Marie soutient des deux mains son divin fils, qui lui passe les bras autour du cou d'un geste caressant. L'Enfant est debout sur un coussin blanc posé sur un tapis de pourpre.

Cadre Louis XIV en bois sculpté et doré.

Bois. Haut., 54 cent.; larg., 40 cent.

CRANACH (Lucas)

170 — *Portrait d'un électeur de Saxe.*

Représenté de trois quarts, coiffé d'une toque et vêtu d'un manteau noir à pèlerine de fourrure. Les deux mains sur la poitrine.

Bois. Haut., 13 cent.; larg., 12 cent.

ECOLE ALLEMANDE (xvie siècle)

171 — *Portrait d'un guerrier.*

De trois quarts, la chevelure brune, en armure,
tenant une épée à poignée dorée ; il a sur la poitrine l'ordre de la Toison d'or.

Bois. Haut., 47 cent.; larg., 36 cent.

ÉCOLE DE BOURGOGNE (xve siècle)

172 — *Figure de saint.*

Debout, grandeur nature, en costume du xve siècle, l'épée au côté ; il tient des deux mains une dis-
cipline. A droite et à gauche, à genoux sur un dal-
lage de faïence, dans une très petite dimension, sont
représentés deux donateurs. Derrière le saint, est
une stalle dont les montants antérieurs sont surmontés d'anges tenant des banderoles. Le fond, le
nimbe du saint, certains détails des costumes sont
gaufrés, piquetés et dorés.

Très curieuse peinture du xve siècle.

Panneau. Haut., 1 m. 70 cent.; larg., 87 cent.

ÉCOLE DE BRUGES (xve siècle)

173 — *La Sainte Messe.*

Un prélat officie à l'autel, entre deux cardinaux et deux enfants de chœur portant des cierges.

Bois. Haut., 22 cent.; larg., 17 cent.

ÉCOLE ESPAGNOLE

174 — *Portrait d'homme.*

Large col de guipure rabattu sur un vêtement noir. Figure en buste.
Cadre en bois.

Toile. Haut., 61 cent.; larg., 49 cent.

ÉCOLE FLAMANDE (Époque Louis XIII)

175 — *Portrait de femme.*

De trois quarts, collier et pendants d'oreilles en perles ; robe rouge garnie de guipure.

Bois. Haut., 32 cent.; larg., 25 cent.

ÉCOLE ITALIENNE

176 — *Portrait de seigneur.*

En buste, pourpoint blanc tailladé, fraise plissée et bordée de guipure. En haut, des armoiries.

Toile. Haut., 63 cent. larg., 49 cent.

ÉCOLE VÉNITIENNE

177 — *Portrait d'homme.*

En buste, pourpoint noir, col empesé et bordé de guipure.

Toile. Haut., 59 cent.; larg., 50 cent.

GIOTTO (ÉCOLE DE)

178 — *La Vierge et l'Enfant Jésus entou-rés de saints.*

Nimbes et fonds dorés.

Bois. Haut., 92 cent.; larg., 47 cent.

HOLBEIN (Attribué à)

179 — *Portrait de femme.*

Tournée vers la gauche, de trois quarts, coiffée d'une cornette blanche ; en robe noire à manches rouges, des gants dans les mains, croisées à hauteur de la ceinture.

En haut, l'inscription : *Aetatis suae*, 30-1544.

Bois. Haut., 39 cent.; larg., 29 cent.

ORLEY (Bernard van)

180 — *La Vierge et l'Enfant Jésus.*

La Vierge, en robe verte et manteau rouge, donne le sein à l'Enfant Jésus, vêtu d'une chemisette et assis sur ses genoux, tenant une fleur.

Bois. Haut., 38 cent.; larg., 32 cent.

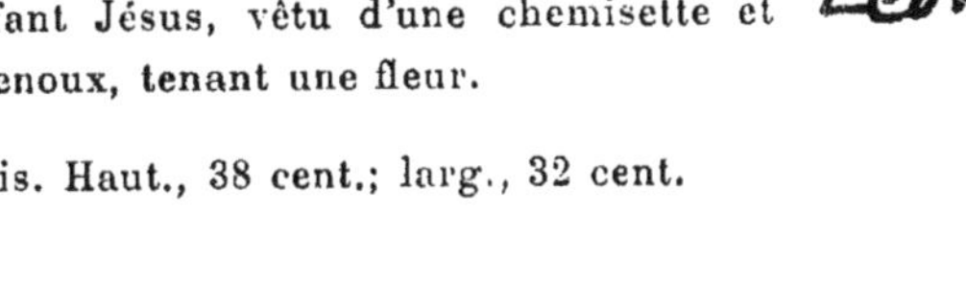